잔디 깎는 남자

최수경 네 번째 시집
잔디 깎는 남자

초판인쇄 2014년 3월 20일
초판발행 2014년 3월 25일

지은이_ 최수경
발행인_ 이현자
발행처_ 도서출판 현자

등　록_ 제 2-1884호 (1994.12.26)
주　소_ 서울시 중구 수표로 50-1(을지로3가, 4층)
전　화_ (02) 2278-4239
팩　스_ (02) 2278-4286
E-mail_001hyunja@hanmail.net

값 10,000원

2014 ⓒ 최수경 Printed in KOREA

무단으로 내용의 일부를 인용하거나 복사, 발췌를 금합니다.

ISBN 978-89-94820-15-6　03810

이 도서의 국립중앙도서관 출판시도서목록(CIP)은 서지정보유통지원시스템 홈페이지
(http://seoji.nl.go.kr)와 국가자료공동목록시스템(http://www.nl.go.kr/kolisnet)
에서 이용하실 수 있습니다.(CIP제어번호: CIP2014008939)

잔디 깎는 남자

최수경 네 번째 시집

도서출판 **현자**

 서문

기욤 아폴리네르의 미라보 다리를 읽으면서
햇살이 강물로 들어와 눈부시게 반짝거리고
갈대숲 사이로 새소리 물소리가 리듬을 타며
낭만이 흐르는 세느강의 다리를 연상했다
며칠 전 프랑스 여행길에 파리 시내 중심을 관통하는
세느강에서 여러 개의 다리를 보았고
자유의 여신상이 세워져 있으며
에펠탑으로 가는 근사한 다리 옆에
아주 평범한 다리 하나가 미라보라는 것을 알았다
나를 설레게 했던 풍경의 다리는 아니지만
그 시인에게는
그곳에 머물고 싶었던 잊지 못할 아름다운 추억이 있어

지나간 사랑을 그리워하며 그토록 애틋하게 노래하지
않았던가
"잔디 깎는 남자" 어떤 때는 남 보듯이 살고 있지만
그 또한 나에게는
반드시 곁에 있어야 할 소중한 존재이기 때문이다

          2014년 3월 15일

목차

■ 서문 _ 4

제 1 부
잔디 깎는 남자

잔디 깎는 남자 1 _ 12
잔디 깎는 남자 2 _ 13
잔디 깎는 남자 3 _ 14
입맞춤 _ 15
잊었던 여유 _ 16
맏며느리 _ 17
김장 _ 18
골절 _ 19
기도하세요 _ 20
중환자실에서 _ 21
그 어머니 _ 22
우리는 그래도 되는 사이 _ 24
봄 마중 떠난 영혼 _ 25
대관령에서 생긴 일 _ 26
억새야 1 _ 28
억새야 2 _ 29
재활 _ 30

제 2 부
들꽃의 변

아지랑이 _ 32

봄비 _ 33

친구 _ 34

선택 _ 35

우수雨水 _ 37

우수와 경칩 사이 _ 38

경칩驚蟄 _ 39

라일락 _ 40

초하初夏 _ 41

들꽃의 변 _ 42

장마 _ 43

무더위 _ 44

봉숭아 _ 45

유월의 장미 _ 46

대서大暑 _ 47

입추立秋 _ 48

구월九月 _ 49

겨울비 _ 50

목차

제 3 부
테마가 있는 가로등

동두천 2 _ 52
걸산동 _ 53
동두천은 예전의 동두천이 아니다 _ 54
지행동 느티나무 _ 55
6.25전쟁 60주년에 _ 56
공주봉에서 _ 58
박물관 수송기 _ 59
테마가 있는 가로등 _ 61
잔디 깎던 날 _ 62
어느 노병의 이야기 _ 63
화엄사의 새벽 _ 64
출입금지 _ 66
폭우 _ 68
왜 화가 났을까 _ 69
아름다운 동행 —문화원 50년사 축시 _ 70
아쉬운 배웅 _ 72
안민규 원장님 퇴임에 부쳐 _ 73
에너지의 원천 _ 75

제4부
어느 목련의 비경悲境

단풍이야기 _ 78
사랑법 _ 79
어느 목련의 비경悲境 _ 80
만월 _ 81
군자란 _ 82
날씨가 좋아요 _ 83
호박고지 _ 84
마당에 심은 노래 _ 85
불청객 _ 86
잠자리 _ 87
모기 _ 88
사마귀 _ 89
늦잠 _ 90
카타르시스 _ 91
퍼포먼스 _ 92
바위 꽃 _ 93
찔레꽃 _ 94
시누대 _ 95
그날 1 _ 97
그날 2 _ 98

목차

제 5 부
곱돌의 사연

동반자 _ 100

수영장 _ 101

집요한 애정 _ 102

독백 _ 104

양지 _ 105

곱돌의 사연 _ 106

운악산에서 _ 107

꾸지뽕과 상황버섯 _ 108

겨울 국화 _ 109

송년음악회 _ 110

응급실에서 전화 받는 남자 _ 111

다비소 _ 112

밤 손님 _ 113

눈을 치우다 _ 114

설화 _ 115

잔설 _ 116

세월은 모든 것에 흔적을 남긴다 _ 117

최수경 작품론
카타르시스 그 의미와 원향原鄕의 탐색—**金京秀** (시인·문학평론가) _ 118
-최수경 시집 「잔디 깎는 남자」를 읽고

제 1 부
잔디 깎는 남자

잔디 깎는 남자 1
잔디 깎는 남자 2
잔디 깎는 남자 3
입맞춤
잊었던 여유
맏며느리
김장
골절
기도하세요
중환자실에서
그 어머니
우리는 그래도 되는 사이
봄 마중 떠난 영혼
대관령에서 생긴 일
억새야 1
억새야 2
재활

잔디 깎는 남자 1

제초기를 밀며 왔다 갔다 하는
야윈 어깨에 땀방울이 꽤나 솟았을
그를 보며 풍산개 두 마리가 꼬리를 흔든다
일을 만들어서 하느라 쉴 틈이 없고
흙을 좋아하기에 부지런한 그런 사람

남들은 성실하다고 하지만
깐깐한 성품으로 온갖 고뇌를 안고
털고 싶은 맏이의 갖은 풍상을 겪는
걱정도 팔자라는 그를 두고 내가 하는 말

손쉬운 소유보다
자존심이 우선인 남자
주름진 노년의 길목인 걸 아는지
날마다 비상을 꿈꾸던 날개를 접고
그날이 그날인 고향에 눌러앉아
돌아가는 육자배기 인생을 살고 싶은가보다

잔디 깎는 남자 2

긴 여름 해가 기울 때쯤
잔디 깎는 소리 요란하면
창틈으로 솔솔 풍기는 향긋한 유혹
풋풋한 첫사랑에 빠지듯
이유 없이 좋은 풋내를 마신다

그에게 흠뻑 취하고 싶어
음료수 한 잔 들고 나가면
잔디 깎는 남자
얄궂은 나의 속내를
설마 눈치 채진 않았을까

마당 한 켠
강아지랑 노니는 풍산개
먹이를 만드느라 큰 솥에 장작불 타고
뽀얀 연기가 파란 잔디를 덮는
시골풍경을 두고 해가 서산에 진다

잔디 깎는 남자 3

동두천이 고향이랬어
전쟁이 나던 세 살적
희미한 그림자도 없겠지만
고향을 떠나지 못한 토박이
서로에게 울타리인 부모 형제 때문일 거야

우직한 촌부는 흙내에 묻혀
씨 뿌려 거둬야 하는 인내
어느덧 반백에도 초연한 채
툭 툭 털어 버리는 세월을
근심스레 돌아보는 당신의 어머니

낡은 벽 한켠에 기대고 있던
녹슨 연장들의 고독을 어르며
잔디를 깎을 때마다
마당에 가득한 풋내
그 싱그러움을 마시며
일상의 잡초를 틈틈이 다듬었을까

입맞춤

경험하지 않으면 모른다
젖내 향기 솔솔 풍기며
오물거리는 입술에서
굴러 나오는 사랑을

너를 떠올릴 때
어떤 하룬들 즐겁지 않으리
보고 싶었다
서툴게 재잘대는
우리 서로 닮은 얼굴을

할머니가 좋아 할아버지가 좋아
짓궂은 질문에 잠시 고민이듯

오늘 너의 재롱으로
웃음소리 집안 가득하고
다시 입맞춤을 포개주며
작은 손을 흔드는 뒷모습에서
벌써 기다림이 앞선다

잊었던 여유

정월 초나흘
친가 시가 형제들 모여
축하의 눈빛을 주던 날
여섯 개의 굵은 촛불을 끄면서
지나간 세월을 위로한다

내 아들의 두 아들과
내 딸의 아들이 꽃송이로 다가와
따스한 눈빛을 만들어
생일노래를 불러주는
영혼까지 닮은 아이들

웃음꽃을 피우며 뛰어노는
고사리손을 만질 때마다
혈육의 온기가 가슴을 달구고
말썽도 재롱도 무조건 예뻐서
너희들 모습에 눈 못 떼는
이 나이도 괜찮은 행복이구나

맏며느리

털어버릴 수 없는
짓눌림의 상념들이 따라와도
침묵으로 감당해야 할 나의 몫
많은 식구들이 진정 반가웠을까
온종일 종종걸음이다

어제는 까치들이 유난을 떨고
홍동백서의 의식 절차
사대가 북적대며 주고받는 덕담
손자들의 절하는 모습은 얼마나 대견하던지
아버님의 눈빛은 분명 흐뭇함이다
38년째 변함없는 맏며느리 자리
타는 향불로 되살아나는 날
오랜 익숙함에도
끝내 도지고 마는 허리 병

김장

하나뿐인 아들네 식구들
하나뿐인 딸네 식구들이 모여
야단법석을 떨며 김장을 한다
시작에서 마무리까지 척척 해내는 며느리
태어나서 처음 해본다는 사위도
고무장갑을 끼고 김장 전선에 나선다

소금으로 기세가 꺾인 포기마다
가을을 골고루 섞은 양념으로
단풍처럼 붉게 물을 들이고
사랑까지 켜켜이 채우면
맛있게 익어가는 가족냄새

손이 커서 넘쳐난다는 소리와
여기저기 나누어주는 재미도
이제 그만 해야 될까 보다
온몸이 천근이다
쌍화탕이라도 먹고 나면
내일은 가벼워지려나

골절

성할 때는 몰랐다
손가락 하나
작은 존재의 가치
있어도 없음이 아닌 것을

덤벙거리는 습관은
경망스런 무지였을까
익숙하게 전해지던 감각
오늘은 서먹한 변심이다

내 왼손의 검지는
깁스로 숨이 차고
지루한 시간은 졸고 있다
기다림에 수척해진
오른손만 온종일 바쁘구나

기도하세요

수술을 집도할 가톨릭의대 교수는
"기도하세요"를 반복한다
눈을 감는다
누구에게 기도를 하란 말인가
해마다 사월초파일이면 찾았던 부처님을 떠올릴까
어렸을 때 열심히 외웠던 주기도문을 뇌이며
하나님을 찾아야 하나
마취 직전에 한 가닥 간절함을 안아줄
그 누군가도 없다
그들을 믿고 내 영혼을 바쳐 그 속에 들어가
사랑을 다 하겠다는 약속마저 한 일이 없지 않은가

내가 떠나고 나면
며칠 전 자운서원에서 웃으며 찍었던 사진은 영정이 되고
나의 아들 딸은 슬피 울겠지
"엄마 아버지 살려주세요"
순간 내가 찾은 건 나에게 생명을 주신
하늘에 계신 나의 엄마 그리고 아버지였다

중환자실에서

마취가 깨면서 중환자실로 옮겨지고
심폐소생술로 숨이 찬 옆 침대에서는
끝내 보호자를 불러들인다
"엄마 내가 잘못 했어 잘못 했어"
무슨 사연일까 젊은 딸의 흐느낌이
죽은 자의 한을 떼어내고 있었다
삶과 죽음은 찰나였구나
살아있는 자를 위하여
새 시트로 갈아 끼운 침대에
수술을 끝낸 다른 환자의 몸부림을 눕힌다
귀를 막고 싶은 신음들 움직여 주지 않는 시간 시간들
이대로 죽을 수도 있다는 가물거림
그때 부드러운 간호사의 손길이
나의 불안을 다독거린다

그 어머니

장수 깊은 골
한적한 길가
정겨운 옛날이 그대로인 그 집
툇마루에 학으로 앉아계신
구십의 노모는 홀로 살고 계셨습니다

언뜻 당신의 선한 눈빛이
나의 어머니기에
울컥하는 마음을 눌러보지만

주름 펴 활짝 웃음 짓는
당신의 모습이
정녕 나의 어머니기에

누구든 오는 사람 반기며
외로움을 나눠주시는
나의 어머니기에

언제나 대문까지 따라 나와

버릇처럼 손을 흔드시는
나의 어머니기에

그러나 아무리 보고 싶어도
볼 수 없는
나의 어머니기에
잃어버린 그날을 끌어안고
나는 그만 산그늘에 흠뻑 젖었습니다

우리는 그래도 되는 사이

느닷없이 뒤에서 감싸 안는데
느낌에 거구의 강한 남자 손길이다
깜짝 놀라 뒤돌아 볼 때
동생뻘 되는 먼 친척이었지
유난히 살갑던 그도
세월을 끌어안고 살았구나

친가의 행사
여기저기서 손 내밀고 잡으며
그동안의 안부에 시끌벅적이다

초대장이 공해라지만
소식이 없던 지인을 만난다는 건
얼마나 기쁜일인가

연락처를 주고받으며
또 한 번 안아보고
우리는 그래도 되는 사이다

봄 마중 떠난 영혼

산 너머 보이는 옛 추억이
그토록 그리웠을까
하늘의 뜻이라지만
운명에 최선을 다하지 못하면
그 연은 끊어지는가

산다는 것은
때론 가까운 사람도 먼 곳으로
떠나보내야 하는 것

고운 모래흙을 다지는 마무리에
허무의 편린을 덮고
바래다 드리던 하얀 국화꽃이
어디까지 다녀왔는지
기진해 슬픈 날

머잖아 진달래 피어나고
훤히 내려다보이는 양지바른 언덕 위
삶의 무게를 훌훌 털어버린
여기가 당신의 영원한 안식처인가요

대관령에서 생긴 일

2010년 3월 1일
간밤에 내린 눈은 무릎을 덮고
어디를 봐도 하얀, 바다로 가는 길은 멀다
그래서 바닷가의 모든 일정은 사망이다
서둘러 돌아가야 한다는 웅성거림
미시령 터널도 막혔다 하니
돌고 돌다 대관령을 넘는다

해발1000m 칠부쯤 되는 능선
눈 속에 빠져버린 차량들
미끄러지는 대형 앞차를 보며
예견된 사고의 초조함
공포를 부추기는 눈보라 사이로
번뜩이며
꿈처럼 펼쳐지는 풍광
예가 혹 천국인가
이렇게 아름다운 설경은 평생 처음이야
가슴 두근대는 황홀한 절정이다

유턴의 설득력은 이미 경치에 취하고
젊은 운전자의 용기는 무조건 직진이다
온몸이 떨고 있는 불안이지만
눈은 눈에서 얻어지는 희열로 타오르고
生도 死도 전부 행복이라던
14시간의 고단함이 마냥 노래로 남는다

억새야 1

두 눈 꼭 감은
사투의 시간이 너무 길다
어둠에서 일어나라고
속삭여보는 지금은
가을볕 좋은 한낮이란다

너의 언어엔
뿌리가 있고 잎이 있었지
그래서 누군 자연이라 하더라
아무리 거센 폭풍이 휘몰아
지독한 상처일지라도
착한 흔적을 지우지는 마라

가슴에 출렁대는
무언의 파문을 재우고
꿈꾸던 청산을
옹골차게 물들이던
꿈틀대는 너의 고백을
언제쯤 들을 수 있으려나

억새야 2

검정 고무신에
대충 걸쳐 입고
시대의 벽속에 있어
열어보니 진국인 것을

한치 앞도 몰랐던 폭풍전야
웃음 흘리며 보여주던
戀詩 속에 다소곳한
그녀를 잊었는가

살인폭설에 대관령을 넘고
부르면 밤새워 달려와
네가 아니면 엮지 못할
감동의 무주구천동 이야기까지

늘 목마른 억새는
바사삭 바람에도
꽃으로 가을을 노래하는데
어여 일어나시게
다시 쓰는 시가 외로움뿐이겠는가

재활

시도 때도 없이 걸려오던 전화가 조용해졌다
내가 서운하게 받았던 때문일까
두 계절을 건너서야 찾아본 재활병원
핸드폰이 물에 젖어 입력된 번호가 사라졌단다
그랬었구나

자연인이라던 너
말도 몸짓도 몹시 어눌해진 채
큰 사고의 후유증을 견디고 있는 것인데
장애자를 두고나온 우리들은
금세 너를 잊어버린다

걷는 길이 희미하다 해도
아직 젊음이 네 몸속에 흐르고
사고 전의 그림이 머릿속에 그대로 있다면
야무진 욕심을 다잡고 뚜벅뚜벅 걸어 나와
너를 잊고 사는 사람들 틈에 끼어봐

제 2 부
들꽃의 변

아지랑이

봄비

친구

선택

우수雨水

우수와 경칩 사이

경칩驚蟄

라일락

초하初夏

들꽃의 변

장마

무더위

봉숭아

유월의 장미

대서大暑

입추立秋

구월九月

겨울비

아지랑이

겨울 이야기를 태우며
봄이면 피어나는
싱그러운 파문

아른거리는 추억에 젖어
춘풍에 설레이던
아침이슬 마셨는가
만취한 스카이라인

봄비

연두빛 속옷에
자위로 쏟아내는 정염
잉태를 위한
몸부림인가
촉촉하게 스며드는 너
안개 짙은 그리움을 열고
흥건해도 좋을

친구

시인보다 더 시인의 군림에 끌렸던
아련한 옛 시절이 있어 미더운
그대는 친구였구나

살면서 잡을 수 없었던 시간
따끈한 커피 한 잔이
목마른 영혼을 적셔줄 때도 있었다

잠깐의 감성이 순수로 찰랑대던
추억하고픈 이야기라면
예쁘게 접어 가슴에 묻어두자

약속 없는 손짓이 나를 부를 때
낯선 길을 걸어가더라도
고백처럼 봄이 오는 소리 듣고 싶어서야

선택

우리는 살면서 수없이 많은
크고 작은 선택을 해야 한다
겨우내 조용하던 감기가
슬며시 내 몸속을 휘젓고 들어왔다
내 의지와는 상관없는 침범에
선물까지 껴안고 콜록이며 지냈다

세찬 바람이 아니라도
찬물은 감기를 덧 들리게 할 것이다
나의 자맥질은 오랜 습관처럼 배어있지만
출렁대는 물의 유혹에 차마 망설여야 했다

정든 오솔길을 추억으로 만들고
낯선 길은 공들여 윤기를 낸다
너의 선택이 행운이라면
나의 선택은 후회 없는 믿음인 거야

반짝거림도 진부했었지
우리의 출발이고 종점이길 바라는

충분한 진실에 가슴을 열어
헛된 욕망이 잠시라도 머물지 않는다면
언제나 봄날은 더 가까이 다가오지 않을까

우수雨水

남들은 눈 깜짝할 사이라지
젊은 한 시절
그렇게 꽁꽁 얼어 있었다

원망이 서서히 녹아
긴 겨울을
미련 없이 떠날 때

꿈에서 벗어나
강물을 만나고
흘러 흘러 바다로 간다

검푸르기도 한
풍요로움이 넘실대니
마음껏 낚아도 되는

그날을 위하여
겨울 틈새에 옴츠리고 있던
적막을 깨워 우수를 연다

우수와 경칩 사이

처음부터
영화에 몰입할 수는 없었다
어둔 객석의 침묵은 열기를 더하고
낯선 풍경은 설렘으로 나풀거린다
달디 달던 팝콘에 취했나 보다
내용의 분별이 가물거렸지
봄비는 없어도 내 손은 젖어있고
계절은 얼음이 녹아 물이 된다네

눈물이 난다
봄을 잃어버린 친구는 더 많이 운다
다시 보는 슬픈 영화는 뚜렷했고
다시 먹은 팝콘은 달지 않았다
아름답던 선율은 거리에서 잠들고
밤늦은 불빛은 떨고 있구나
개구리 우는 소리 아직 멀리 있는데
나는 무슨 메시지를 기다리는가

경칩驚蟄

어떤 파충류는 과거가 싫어 허물을 벗고
개구리도 올챙이 적 시절이 있는데
누군들 굴곡을 감추고 싶은
지난날이 없었겠는가

동면하는 동안
어지러운 후회와 갈등을 다독이며
성찰의 기다림은 너무 추웠지

겨울에서 빠져나온
우리의 만남이 황홀한데
잔설 녹아내리는 작별을 추억하며
또 다른 시작이 축복이길 바라는
촉촉이 스며들 봄은 오시는가

라일락

까치 소리 안부인 듯 열어봐도
보이지 않아
기다림은 어느 세월에 익숙하려나
달려오는 길목에서 머뭇거리게 하는 건
가시지 않은 꽃샘 때문이야

향기에 젖어있던 그날들
그리움을 부추기고
어디쯤일까
대답 없는 바람에게도 귀 세워보는
연두색 새순 사이로
황홀이던 그림이 밀려올 때마다
너를 기다린다
변함없을 보랏빛 향기를

초하 初夏

벚꽃이 산의 경치를 수놓던
꽃동산은 봄날의 특별한 향연이었지
가슴 설레던 짧은 만남이 가버리니
시퍼런 오기가 빠르게 번져
혈기왕성하게 꽃자리를 채우네

꾀꼬리 뻐꾹새 종다리
부르지 않아도 갖은 새들이 모여들고
점점 뜨겁게 쏟아지는 햇빛
더 파래진 산 빛깔이
오월을 눈부시게 물들이니

가버린 벚꽃이 그리워질 때
그가 남긴 열매를 본다
까맣게 타고 있는
못다 한 너의 이야기를 먹는다
아직도 달콤하다

들꽃의 변

나의 손짓에 달려왔다며
온종일 속살대며 좋아라 했지
정말 그랬어
어느 날 횡하니 가버린
바람 헤친 먼 하늘에 방황이라면

침묵 뒤에서 미안해하고 있을
너의 이름은 벌이었다는 것
네가 앉은 자리가 벌겋게 부어올라
온몸에 열이 나던 야릇한 통증을
나는 잊지 못하지

설렘은 그대로인 채
다시 이별이라도
간밤 꿈이던 해후를 바라본다
화려한 날개 팔랑대는 나비야
아무 데나 앉지 마라
너는 가고 나 혼자 설운 꽃잎 떨군다

장마

검은 구름이 오락가락할 때
감지했어야 했어
난데없는 천둥 번개는 죄를 만들어
해명할 기회도 없이 쏟아지는 물세례
앞을 가려 분간할 수 없을 만큼
오늘도 비가 내린다

오랫동안
젖어야 했던 속 쓰림
다독이며 재워보지만
국지성 호우로 어두운 저편에
말없음표로 버티고 있는 너는
아직도 장마 중인가

무더위

옛이야기도 나눌 수 있어 좋은
행운이라던 선택
혹여 잊혀질 몽상이 아니라면
짓궂은 기다림이라도
여전한 미소 머물러야 했다

나의 진에게 허를 만들고
나의 순수는 왜 가려졌을까
그럴 수도 있다는 짐작
밤새워 해명을 준비하지만
수신자 없는 사연 백지로 남는다

너무나 빠르게 스쳐간 봄날
침묵의 늪에서 허우적이며
늦게 찾아온 선물을 잃어버렸을 때
그를 찾느라 긴 여름에 지치고
어떤 도약도 멀기만 한 폭염이란 걸 알았다

봉숭아

장마가 끝날 무렵
시골집 마당가에
초경으로 필 때

꽃물
촉촉하게
누군가를 기다리고

약속인가
세월을 물들이던
손톱 끝에 반달로 살아있는
유년의 그날이 곱다

유월의 장미

묵은 약속이듯
울타리 밖으로
새빨간 열정을
눈부시게
울컥울컥 쏟아냈다

첫 느낌을 전하기도 전에
이미 청개구리를 품고
벌떼들과 무수한 풍문을 뿌리더니

치마폭에 숨은 가시로
유월의 사내를 거부하며
탐욕의 손등을 할퀴어 봐도
틈새로 들이미는 눈독에
새벽마다 땀을 흘린다

대서 大暑

울 어머니 꿈속으로 오신 후
절간을 찾을 때면
새둥지 숨겨주는 숲을 불러와
이슬 젖은 작은 풀잎도 깨워
함께 걸어갑니다

속리교를 건너
숨찬 꼭대기에 오르면
소나무에 앉아있던 바람이
어느새 내려와
옷자락 파고들며
온갖 시름을 닦아줍니다

먼저 와서 기다리던
당신의 영혼을 안아드리고
염원의 흔적을 위하여
기왓장에 새긴 불심으로
햇빛 쏟아져 내리는
나의 어깨가
날아갈 듯 가쁜합니다

입추立秋

역시 그랬다
아직 그대로인 청산보다
더 파랗다
무더위를 꺾을 만큼
당찬 위력을 보면
지친 인내가
슬그머니 앞섶을 열게 한다
한두 번 약속의 시간에는
등 돌린 모습
찜통의 추억일 뿐
내심 기다리던
이렇게 시원한 바람
계절 끝의 매미소리가
내려앉은 하늘을
힘껏 밀어 올린다

구월九月

풀밭에서 귀뚜라미가 부르는가
누렇게 여문 벼이삭 사이로
가을풍경 웃으며 걸어옵니다

농익어 몽실한 포도
단내가 고개 넘어 예까지 풍겨오는
알밤 깨무는 소리 그 인연을 마중하며

코스모스가 첫사랑이라던
눈치 없는 고백에도
내 기다림은 여전했어요

너무나 착한 계절
안개 같은 기억 언제였던가
그리움이던 그대 속으로 파고듭니다

겨울비

또 다른 감촉으로 젖을
추위가 누그러져 비가 오는데
나는 왜 아직 추운가

갑자기 찾아온 그의 기척에
서먹했던 그날처럼
계절은 난데없이 가던 길을 돌아본다

어떤 사람은 비가 되고
어떤 사람은 눈으로 와서
단번에 아니면 서서히 누군가를 적신다

봄은 멀었는데
온종일 막무가내로 쏟아져
누구의 언 가슴 녹여 흠뻑 적시고 싶은 걸까

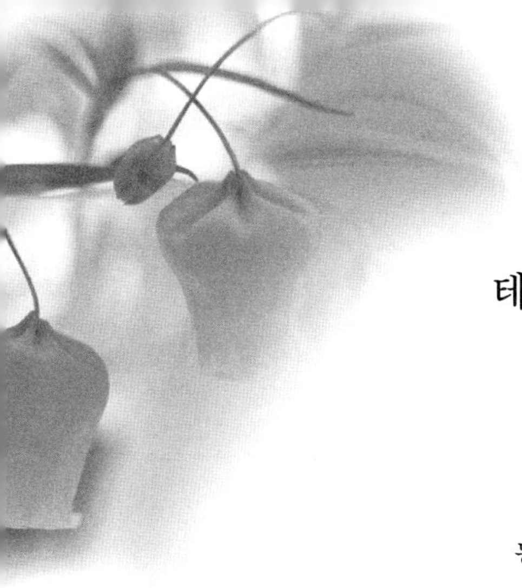

제 3 부
테마가 있는 가로등

동두천2

걸산동

동두천은 예전의 동두천이 아니다

지행동 느티나무

6.25전쟁 60주년에

공주봉에서

박물관 수송기

테마가 있는 가로등

잔디 깎던 날

어느 노병의 이야기

화엄사의 새벽

출입금지

폭우

왜 화가 났을까

아름다운 동행 (문화원 50년사 축시)

아쉬운 배웅

안민규 원장님 퇴임에 부쳐

에너지의 원천

동두천 2

소요산 왕방산 해룡산 칠봉산 마차산
사철 절경으로 둘러싸인
꽃 술 터
벌 나비처럼 꿈을 나르며
실향민도 이방인도
오순도순 모여 사는 곳

청산이 순연의 빛살로 펼쳐지는
화창한 유혹에
구름으로 밀려와
원효대사와 요석공주의
애절한 흔적에 앉아 있노라면
나그네의 귓가에 맴도는
아름다운 사랑이야기

전철 1호선 끝점에
두근거리는 약속
아, 소요산

걸산동

가까워도 먼 곳
걸산동을 아시나요

이유 분명해도
무장한 이국인에게
신분증을 검사받아야 들어갈 수 있는 곳
김승록 독립투사의 초라한 봉분 옆에
야생화 지천인데
맑은 계곡에 전설 같은 풍경이 흐르고
풀냄새 사방에 넘실거려
그저 머물고 싶은 곳

우편번호 있어도
외인부대가 가로막아
어둠이던 반세기를 넘어
지척인 오지로 안타까운 섬
고향을 버리지 못해
소박한 사람들이 군데군데 둥지 튼
동두천에 이런 작은 마을이 있답니다

동두천은 예전의 동두천이 아니다

한국전쟁이 낳은 동두천
온갖 멸시와 거부의 기지촌
이국인들의 뒷골목이던
어둠뿐인 시간도 멀리 흘러갔다

충청도 할머니가 미국인줄 알았다던
보산동 간판들이 얼굴을 씻고
말끔하게 단장한 철든 거리에
관광특구의 명품들이 반짝거린다

역사는 비켜갈 수 없지만
사람들은 현실에 산다
유구한 흐름 속에
신천의 셀 수 없는 변천사

당신의 어머니가 살고
당신의 딸들이 사는
고향이 어디냐고 물으신다면
다시 찾아 올 수밖에 없는 동두천이라고
떳떳하게 말할 수 있는 꿈의 도시다

지행동 느티나무

이정표의 몫으로 나그네를 반기고
오백 년 뿌리마다 전설 엮어
해마다 마을 수호신제

고령에도 겨울을 거뜬히 넘겨
우듬지마다 신록을 주렁주렁 채운
코끼리 가죽 같은 우람한 고목엔
언제나 시원한 바람이 샘솟아

폭염이 눌러 앉으려다 기절한
지행동 느티나무
오늘도 참새 떼 재잘대며
희로애락이 머물다 가는구나

사방 아늑하게 둘러싼 작은 산들
온갖 새소리와 풀꽃향기 어우러져
달빛도 환하게 찾아오신 이곳에
누구 소원 하나 얹어 놓는다

6.25 전쟁 60주년에
— 내가 태어난

북한의 꼭두 기습에
남으로 밀려가던 국군
유엔의 도움으로 북진, 그러나
중공군 개입으로 다시 후퇴하던
아, 1951년 1월 4일

그날 만삭이던 젊은 여인
화약 냄새 진한 방공호에서
탯줄을 자른 첫 울음소리를 안고
등을 때리는 한기
차디찬 맨땅에
산후조리를 뉘이며
마른 젖을 물렸을 어머니

나는
전쟁을 기억할 순 없어도
전쟁의 비정함을 따갑게 들었다
세상에서 제일 슬픈
이산의 긴 강은 오늘도 흐르고

아직도 민족의 분단은
지하의 어머니를 아프게 하며
60년을 맞는다

공주봉에서

새해 첫 날
발목을 덮는 눈 쌓인 오름길
마지막 휴게소에서 구입한
아이젠이 미끄럼 없이 정상을 딛는다

일렁이는 붉은 구름을 차고 오른
소요산 공주봉의 장엄한 일출
누구도 가보지 않은 오늘부터 365일은
얼마나 다사다난할 건가

신묘생이
신묘년을 맞는 남다른 아침
잊는 것에 익숙하지 않더라도
가고 오는 것에 집착하지 말며
내일도 오늘처럼
아무런 욕심 없이
그저 웃으며 살고 싶노라고
두 손을 모아본다

박물관 수송기

C-123
창공을 힘차게 날던
20여 년을 꽁꽁 묶어
기능저하라는 죄목으로
동두천시 상봉암동 162번지에
생매장하다

육중한 몸매를 자랑하며
온갖 수송을 위해 공중을 오가던
수많은 업적은 사라지고
전시를 위한 퇴물로 앉아

녹슨 날개를 어루만지는
퇴역 공군의 회상 속에서
꾸물거리는 기억을 열어
정말 대단했었노라는
숨찬 소리가 들리는 순간

잠재웠던

그 기개 살아나
푸른 하늘을 향한
먼 이륙을 꿈꾼다

*C-123-동두천 자유 수호 평화 박물관에 상시 전시 중

테마가 있는 가로등

꽃샘에 더딘 산통
붉은 망울 터져 순산하니
이슬 젖은 민머리
아침 햇살에 말려본다

환한 얼굴로 태어나
웃고 있는 순수
너를 위하여
비도 바람도 멀리 보내고
날이 새도록 곁에 있으리

인연 다해 꽃비로 내린다 해도
너와 나 불꽃으로 절정일 때
흐드러진 여정
그림자로 새겨 놓았지
조명으로 더 깊어진 사랑을

잔디 깎던 날

황주사님 남주사님 이주사님
박물관 잔디 깎는 사람들 땀범벅일 때
에어컨 아래 앉아 있다가
가끔 얼음 띄워 냉커피를 만드는 일
내가 할 수 있는 전부이기에 괜스레 미안스럽고
바람이 일듯 말듯 햇볕만 따끔거리는데
냉커피에 피로가 조금이나 가셨을까

이맘때 아버지는 런닝이 갈색으로 흠뻑 젖은 채
보릿단을 지게 가득 마당에 부리시곤 했다
그럴 때마다 마당가 우물물을 떠다
미숫가루를 타서 드시게 했다
아! 시원하다
박물관 직원들의 목소리가
지금은 볼 수 없는
나의 아버지로 다가온다
파란 잔디 위에 보리이삭이 수북하다

어느 노병의 이야기

숨차게 올라오신
올해 83세의 노인
6.25를 펼쳐놓은 박물관을 찾는다

눈빛이 젖어오는 듯
화약 냄새 헤치며 전우를 타고 넘던
녹슨 자취를 회상하면서
결국 떠밀린 총알받이였다며
푸름의 산야에 파릇파릇한 나이가
어이없이 쓰러져 망초꽃에 눈물로 누웠으니
지금도 가슴이 많이 아프시단다

그렇게 일궈놓은 이 조국을
요즘 것들은 몰라도 너무 모른다며
세상이 어떻게 될런지
작금의 세태가 한심스럽다는 푸념

전쟁기념관을 찾는
노병들의 모습이 점점 희미해질 때
그들의 아픈 흑백영화는 전설이 되고
우리는 전쟁 이야기를 어떻게 전해야 하나

화엄사의 새벽

동트기 전
계곡을 채워 흐르는 물이 정적을 깨고
인기척 없는 산길은 한치 앞도 어둠입니다
숲속에 풀 한 포기 발끝에 돌멩이
첫 만남의 인연도 없이
꺼내볼 수 없는 어둠속에 남겨둬야 하나요

이미 산문은 열려있고
북치는 소리 따라 계단을 오르니
승려들의 승복 스치는 소리 사르르
뱀처럼 법당을 감아돕니다
부처님의 법음을 알리는 33번의 타종
긴 여운에 온몸이 젖어드니
한 발짝도 움직일 수 없어
나도 모르게 두 손 모아지고
짧은 새벽 열반에 듭니다

달빛 그리운
뒤돌아보는 산사는 여전히 어둑하고

어디선가 보고 있을 듯한
지리산 반달가슴곰이
숲에서 뛰어나올지 몰라도
문지기 사천왕이 바래다주시니
발걸음 가볍습니다

출입금지

남녘이라
벚꽃도 활짝 피었으리라
보고 싶어 몇 시간을 달려가 보니
금방 쏟아질 듯 만삭인 그녀
늦은 저녁 가로수로 앉아
수줍게 나그네를 반긴다

지리산 허리를 감싸안은 운해
어디쯤인가 때 아닌 눈이 쌓여있고
등산로는 거의 얼음 밭이네
평소 낮은 산이라도 자주 오를 것을
숨이 차올라 점점 뒤쳐지는데
노고단 정상을 앞에 두고
젖어오던 땀방울이 차디차게 식는다

여기까지만 발자국을 찍고
허무를 마시며 하산하는 모습에
지리산 까마귀 까악 대며 조롱하니
바람도 거들며 등을 떠미네

다시 오리라는 오기를 품으며
좋은 사람들과 즐거운 산행이기에
너를 용서한다 출. 입. 금. 지.

폭우

큰물이 지나간 마을 아래 계곡
좁았던 폭은 곱으로 넓어지고
아무 일도 없었다는 듯
맑은 물이 무심히 흐른다

가장자린 고목들이 허연 뿌리를 드러낸 채
보금자리가 흔들려 불안한 몸짓이다
산을 타고 내려오던 물은
막힌 수로 앞에서 미쳐버렸다
막무가내로 물길이 아닌
밭으로 집으로 쏟아져 들어갔다
마당이 패이고 텃밭이 동강나고

미리 점검 했어야 했다
막힌 수로를 뚫어주고
조용히 보내야 했는데
넋 놓고 바라보는 허탈한 눈길
뒤늦은 후회로 하늘만 원망한다

왜 화가 났을까

자주 달리던 강변길
벚꽃이 휘날리던 산 아래 길이기도 하다
여기저기 예고 없이 산 도랑이 나고
쏟아져 내린 토사가 길을 덮었다

왜 화가 났을까
시뻘건 산혈이 울컥대더니
가슴을 파헤쳐 등뼈 같은 바위를 드러내고
품고 있던 파란 나무들을 뿌리째 뽑아
신천 난간을 부수고 강물로 쓸어 넣었다

왜 화가 났을까
사람들이 고속을 위해 구멍을 뚫고
안위를 핑계로 산을 깎아 내릴 때
참았던 응어리가 화근이었을까
복구를 서두르는 굴착기 소리
매미우는 소리와 아픈 장단을 맞춘다

아름다운 동행
— 문화원 50년사 축시

바램을 채울 수 있는
훗날 소망도 기다림이다

반세기의 묵묵한 세월 속에
꺼질 줄 모르는 작은 등불 하나
뜨거운 열정과 정성을 모아
문화예술을 사랑하는 사람들

지역 마당에 풍성한
문화창조의 영광을 위하여
내일의 푸른 약속을 바라보는
그 영원한 이름
동두천 문화원

여기 오십 년 뿌리 깊은 나무
굵은 가지는 역사를 만들고
향기는 지상에 깃발을 펄럭인다

전통을 보존해 조상의 얼을 새기며

오늘을 더욱 빛내고자
선진 문화의 길잡이로 함께 나누는
우리는 아름다운 동행

문화유산의 꼼꼼한 기록을 펼쳐
지천명의 의미 살아나는 날
목마른 삶의 갈증을 적셔 줄
신명나는 질주의 발소리 우렁차다.

아쉬운 배웅
― 이계홍님의 퇴임에

열일곱 해
작은 틈새마다 등불 지펴
심지 돋우던 시절
온통 문화예술발전에 전심이던 당신은
바쁘게 뛰어다니며 전국 곳곳마다
동두천의 이름으로 공적을 뿌리셨소

세상을 사랑하면서 바람 불어도 햇살은 머물 듯
숱한 애환의 긴 세월이었지만
어디쯤에서 뒤돌아보면
아마 가슴 뿌듯한 보람이
당신을 미소 짓게 할 것입니다

이제 무거운 일상을 털고
새로운 도전에 내딛는 첫걸음
다소 높은 언덕쯤이야
연륜의 지혜로 뛰어넘어도 좋을
먼 훗날까지 부디 복된 날 되소서

안민규 원장님 퇴임에 부쳐

누구도 붙잡아 둘 수는 없습니다
역사를 창조하고 이어지는
여정이었기에
아름다운 꽃과 열매를 위하여
비옥한 토양을 만들고자
오늘을 인내하며 내일을 바라볼 뿐입니다

숱한 길을 가면서
걸림돌이 있으면 다독여
인품으로 징검다리를 놓아 주시던
동두천문화원에 몸담았던 이십여 년
다 기억할 수는 없지만
문화원 원사에 대한 애틋한 염원을
힘겹게 털어 놓으시던 날
누구를 위하여
저 낮은 자세를 감내해야 하는지
가슴 뭉클한 대화가 서글펐던
그날을 우리는 기억합니다.

파도가 위대한 선장을 만들 듯
순조로운 항해는 없습니다
당신의 헌신은 동두천문화원 역사에
오롯이 기록될 것이며 단단한 뿌리가 되고
무거운 짐을 짊어지셨던
소중했던 인연은
보람된 발자취로 영원히 남아
아름다운 추억이 새겨진 당신의 영혼을
더욱 푸르게 할 것입니다

에너지의 원천

유난히 웃음소리 크고
잘 웃었다는 나의 전설
물레방아 뒤에서 나올 줄 모르고

참을 수 없어
천지분간 못하고 웃어 대다가
여러 사람한테
혼쭐나던 얘깃거리도
언제부턴가 조용해졌다

웃음이 넘쳐나던 한 시절
어디로 숨어버렸는지
입을 막아도 새어 나오던
그때 일을 떠올리면
천금 같은 웃음이 슬며시 지나간다

웃음이 고파 허기가 몰려오는데
빈 그릇에 그리움만 안개로 자욱하네

이제 습관이 된 침묵유지
깨트려줄 그런 원천 어디 없을까

제 4 부
어느 목련의 비경悲境

단풍이야기
사랑법
어느 목련의 비경悲境
만월
군자란
날씨가 좋아요
호박고지
마당에 심은 노래
불청객
잠자리
모기
사마귀
늦잠
카타르시스
퍼포먼스
바위 꽃
찔레꽃
시누대
그날 1
그날 2

단풍이야기

푸르러 젊은 날
눈독 들여 쏟아 붓는 열기
거절할 수 없어
그것이 진정 사랑이라면
태우는 일에 목숨을 다하리라

붉게 타오르며
아름다워라
너도 나도 환희를 외칠 때
후회 없이
영혼의 피를 토하리

찬바람 불어와
정든 가지를 놓쳐도
길 위에 가을이야기로 굴러다니다
사각사각 밟히고 싶어라
흙에 섞이는 잔영을 위하여

사랑법

나뭇잎 파랗게 움틀 때
두 손 꼭 잡아주며
비바람에 상처 없이 키워 줄
사랑인 줄 알았네

어느 날 노랗게 빨갛게
유혹처럼 물들이고
사람들의 시선이 너무 뜨겁다고
찬바람 불러와
헤어지자 떨쳐버리니
갈까마귀 높이 날며 울었다네

바스락거리는 끝자락에서
새순의 잉태를 위한
진심을 알고서야
미안해하지 말라고
흔적 없이 지워야 하는
누군가의 발밑에서
와사삭 가루가 되어도 서럽지 않다고

어느 목련의 비경悲境

하얀 나비들을 떠나보낸 터라
푸른 그리움만 빼곡하게 키우는데
갓 핀 능소화 그 이름도 이쁜 것이
공손히 다가와 배시시 웃음 던지며
길게 뻗은 팔로 얼싸 안는다

날마다 파고드는 뜨거운 고백
못다 한 사랑의 목마름인가

아름다운 공생을 꿈꾸는
잔가지마다
타고 오르는 능소화의 집착
조이고 또 조여 오는
넘치는 애정행각에 야위어가는
목련의 절규
이건 사랑이 아니라며
서둘러 자멸하는 이유가 된다

만월

행여
당신을 마중해야 하나요
따스한 느낌
창밖에 보여요
구름 열고
바람 다독이던
눈 맞춘 오늘에사
온몸으로 끌어와
하늘의 뜻을
내 곁에 뉘입니다

군자란

권태로웠을까
겨우내 쌓였던 먼지를 털면서
살아있었네
한 번도 사랑하기를 그치지 않았던
혼자만의 봄에
한때 덧없는 춘풍이 아니었음을
엇나가지 않은 그의 진실과
흠뻑 젖었던 행복의 기억들
그 꽃의 이름으로 왜 아픈지

봄볕이 따가워 견딜 수 없을
두려웠던 고백에
꽃 대궁 활짝 열어 반겨주는
촉촉한 바깥의 풍경으로
초원의 연인이 되어
새어나가지 못한
부드러운 향기에 취해볼까

날씨가 좋아요

늘 하루의 시작으로 찾아오는
빨간 통 오토바이
"날씨가 좋아요"
편지를 전해주면서 여운을 남기고

수런대는 단풍의 손짓
나를 설레게 하는데

줄거리 익숙한 드라마에 빠지듯
해마다 같은 풍경에도 여전한 가을 앓이
이만한 날씨 정녕 길지 않아
들녘에 펼쳐 논 만찬을 즐기며
어디든 떠나고 싶은 마음을 부추기는
그가 남긴 메시지 사방에 무지개로 퍼지네

호박고지

양지 바른
잔디밭에 작은 봉분 하나
주인도 모르는
그 상돌은 늘 내 차지였어
햇살이 가을다운 날
잘 차려진 홍동백서 대신
동그란 호박고지가
하얗게 그림처럼 널려있었지

붉은 고추 가득한 멍석 옆
코스모스에 빠져있던 잠자리가
알밤 떨어지는 소리에
화들짝 날아가던
그리운 풍경 속 열어보니
네모난 상돌 여전히 예전 같아
비 그친 어제를 밀어내고
여문 애호박 얇게 썰어
가을빛 잘 드는 지붕 위에
반질한 상돌을 만들어
가지런한 추억을 말린다

마당에 심은 노래

너와 함께
부끄럽지 않은
계절을 거닐던 곳
봄은 아직 멀었는데
누군가 출입금지의 줄을 쳐놓고
자연을 상처내고 있었지

기웃거려보는
우리들의 터
바람이 들락거리며
망치소리 밖으로 새어나오던
폐교의 공간은
추억을 쓸어버리려 하네

긴 여름 지나
얕은 개울물에 살얼음 얼고
갈잎 서걱거릴 때
뜸해진 발길 돌아보니
마당에 심어 논
연시 하나 살아있었네

불청객

언제 들어왔을까
문을 반쯤 열어 논 적도
더군다나 초대한 적도 없는데

내가 꽃으로 보였을까
아니면 길을 잘못 들었나
불청객의 방문에 좌불안석이다

무관심 한척 하다가도
눈앞에서 윙윙 탐색 중이니
나도 모르게 움츠러들고

침을 세워 무엇을 겨냥하는지
그의 날갯짓에 잠시 눈 뗄 수 없던
반나절의 긴장은
그날의 아픈 기억 때문이다

잠자리

장마를 걷어낸 오후
잠자리들의 향연이다
꼬랑지 맞댄 채
비 없는 하늘을 날아다니며
공중에서의 짝짓기
가히 묘기다

관객의 눈이 반짝거릴 때
바르르 날개 떠는
허공에서 중심잡기
잿빛 이불이 흔들거린다
어지러워라

모기

나의 피가 너의 혈관을 흐른다면
촌수를 가늠해야 하는데
도무지 숫자를 헤아릴 수 없는
극심한 혼돈의 시간에도
호시탐탐 기회를 노리는 적이 되어
어느새 두 번째 적침으로 흡혈을
당하고 마는 힘없는 인간인 거야

휴식을 위한 짧은 여름밤이건만
너를 무시할 수 없는 노릇이고 보니
뒤척거린 밤이 어제 하루뿐이랴
물린 자리가 벌겋게 달아오를 때
따끔거리던 그 세월을 극적거리며
적막을 배회하는 날갯짓에 곤두서야 하는
너와 나의 악연을 맥없이 받아들인다

사마귀

듬성듬성 제멋대로 자란 잔디가
제초기의 요란에 잘려나간다
선머슴 머리 같던 풀이 다듬어지면
풀냄새가 진동하는 초록 카펫이다

그때 나는 보았다
제대로 걷지도 못하는
실같이 가늘고 작은 그의 실체를
그리고 기억해낸 너의 유래를

아비를 통째로 먹은 어미는 어디로 갔나
번식을 위한 수컷의 희생이
질긴 부성의 생명으로 갓 태어난
우리 마당엔 여름이 무성하고
대문 앞에 거미줄은
어린 사마귀를 위한 금줄인 것을

늦잠

초저녁에 잠이 들면
새벽별이 잠을 깨운다
밤하늘에 달빛이 너무 곱다고
별처럼 반짝거리던
나의 봄은 언제였을까

날밤을 끌어안고 뒤척거리는
의미 없는 데이트가 끝나면
그제야 선잠 놓친
온밤을 머리끝까지 덮는다

날이 밝아
깊이 빠진 늦잠에서 헤맬 때
밖에서는 아침 소리가 요란하고
얼마나 정신없이 바빠지는지

카타르시스

새벽마다
느슨해진 괄약근에 앉아
머리끝에서 발끝까지
관절과 실핏줄의 조화로
마디마디가 개운하다

쏴아 물 내리는 소리
오장육부를 쓸어내리고
밤새 들락거리던 헛꿈까지
비우고 나면
또 하루의 탐욕이 시작된다

채우고 비우는 일이
살찐 가을이요
넘치는 사랑이라면
더 비움을 위하여
오늘은 부처 앞에 앉아야 할까보다

퍼포먼스

바르셀로나 중심
람블라스 거리
행위예술이
군중을 헤치고 나를 끌어당긴다

맨 처음
한 장의 사진이던 퍼포먼스
예까지 따라와
덮어둔 시간의 껍질을
기어이 깨트리는구나

남도 바닷가
그리운 이름으로 열어보아도
그 풍경이 또렷하지 않으니
얼마나 다행인가

집시들의 이색포즈
카메라에 눌러 담는
행여 누군가를 찾아보건만
다시 봐도 낯선 나라
유럽 끝자락

바위 꽃

화련, 그곳에 바위 꽃이 보일 때
협곡엔 운무가 신비를 더하고
깎아지른 절벽 깊은 곳에는
검은 병풍 군데군데 전설을 심어 논
하얀 대리석이 선명하게 피어 있었네

아름다운 절경 앞에서
때맞춰 내리는 봄비가
구름처럼 쉬어가고 싶은
낯선 나그네를 반기는데
아찔한 낭떠러지 아래 계곡물은
파스텔 그림이듯 연한 빛으로 흐르고
마중 나오리라 기대했던 제비는
낙원이던 연자구에 무수한 이야기만
바위 둥지 속에 숨겨 놓은 채
연신 깃털로 펄럭이던 가물 한 풍경이여

찔레꽃

손가락 찔려 빨간 피 얼룩져도
깔깔거리던
보리이삭 넘실대는 비탈길 언덕
마디마다 여린 가시 돋아난
찔레 순 껍질 벗겨 깨물어보는

여물지 못해 티끌도 없던
찔레꽃 닮아 발그스레한
단발머리 곱던 그녀는
어디에서 푸른 시절 지나
나처럼 저물고 있는지

기다린 듯 하얗게 피어난
찔레꽃 향기 그 시절 꺼내보니
변함없이 찾아온 벌들
윙윙거리며 꿈을 낚는 초하

시누대

숱한 이야기를 묻어 논
선인의 혼적이 때로는 처절했다
시누대 틈새로 불어오는 갯바람
비개인 하늘은 높아도
새소리 기척 없는
눈길 머 언 둔치에
조용히 풀냄새를 눕혔다

언뜻 환희다
플라타나스 아래
천둥번개 휩싸이던
얼굴에 주름 하나 더 만들어
세월 섞은 그날처럼
외롬이 언덕을 넘어야 한다는 걸

약속도 없었는가
천리 길 다시 찾았을 때
먼 길 돌아온 히말라야 커피 한 잔
마주보고 앉아

토닥토닥 엮어서
허기진 영혼의
빈속을 채우는 일이네

그날 1

산 아래 바다는 그날따라 그림이다
하얀 공이 줄줄이 떠 있는
파도 없는 가두리 양식장은 굴집이랬지
목련 달인 한모금의 물에 젖으며
이름만 알던 그 사람이 살았다는
추억도 없는 그곳을 눈여겨보는데
이미 낯섦을 가셔버린 토박이는
둔치를 따라 밭두렁 사잇길을 건너와
시인이 누워있는 봉분 앞에 영광처럼 나를 앉힌다
나는 망두석으로 인연의 끈을 늘려보다가
근처에 군락이던 시누대를 끌어와
속없는 나무의 단단한 매력을
잔디 위에 가만히 내려놓는다
돌아서 가야 하는 천리 길이 바쁘다고
누군가 동동대며 기다리고 있어서겠지

그날 2

한참 밀려갔다 밀려 온
그의 영혼을 바다 위로 건져 올려
얽힌 그물을 풀면서
그리움을 만난다

어느 한적한 해변
빗소리 옆에 두고
아름답고 싶었던 순간
지느러미 가늘게 떨며 유영한다

익숙한 작별
숨은 낙조를 더듬으며
언제일까
해저 속 터널처럼 아득한
기약할 수 없는 그날은

제 5 부
곱돌의 사연

동반자
수영장
집요한 애정
독백
양지
곱돌의 사연
운악산에서
꾸지뽕과 상황버섯
겨울 국화
송년음악회
응급실에서 전화 받는 남자
다비소
밤 손님
눈을 치우다
설화
잔설
세월은 모든 것에 흔적을 남긴다

동반자

첫 만남이 언제였는지 모르지만
너를 알고부터
즐거운 일이 많아 졌어
아침을 깨워주고
때마다 음악을 들려주는

너는 아니
네가 나의 연인이라는 걸
하루에도 수없이 눈길을 보내고
만져봐도 열어봐도 느낌이 좋은
알면 알수록 매력 덩어리

잠시라도 떨어지면 불안해
그래서 우리는 같이 사는 거지
이미 저장된 나의 일상과 과거를
고백하지 않아도 될 품격 높은 동반자
패턴 설정

수영장

여기가 아니라면
이만큼 유연은 불가능이다
바닥의 꼭대기에서 한껏 가벼운
이렇게 통 큰 여자는
고래가 되는 착각으로 젊음을 끌어안고
물살을 헤치며 헛꿈을 움켜잡는다

훤히 보이는
순수로 채워진 넓은 품에 안기면
더없이 부드러운 촉감
전신으로 느끼는 짜릿한 평화에
지친 영혼을 송두리째 맡기고

정확하게 호흡을 뱉으며
주저없이 밀고 나가지만
서툰 유영은 젖은 현실을 깨워
약속 같은 희망을 끌어당겨보는
익숙한 자맥질이다

집요한 애정

흰색 바지에 얼룩이 졌다
세제를 묻혀 비벼 빨아도
말끔하게 지워지지 않는다
조심했어야 했는데
어쩌랴
버리기로 마음먹다가
딱 한 번만
그러면서 몇 번 더 만났다

탱탱하게 잘 익은 버찌를 따먹다가
버찌물이 들었다
작은 실수를 뚜렷하게 적어 논
허물을 씻어보라며
진한 락스 물에 푹 담가 두었더니
얼룩이랑 버찌물이 깨끗이 없어졌다

왜 몰랐을까
하마터면

내 맘에 쏙 들던 바지가 떠날 뻔했다
너와의 인연은 아직 끝나지 않았구나
이별, 이렇게 미룰 수 있는 것을

독백

물고 빨고
그대 없이는 살 수 없노라던
당신의 사랑에 빠져
온몸이 재가 되도록
태우고 또 태웠지

향기를 빨아들인
입가에 야릇한 미소
밀어내는 연기 속에
숨어있던 배신이 피어올라

꽁초로 남은 허탈마저도
달리는 차창 밖으로
미련 없이 던져버린
바람 속 오염뿐이랴
품고 있던 니코틴은
이미 독이 되어 너를 할퀸다

양지

야멸차던 겨울빛도
꽃샘추위를 마지막으로
온기를 불러와 앉아있는
아지랑이 일렁이는 그곳에는
파랗게 솟아오른 봄나물이 있고
우화로 거듭난 노랑나비가
서투른 춤사위로 나풀거린다

기어이 터트린
작은 수다들의 산수유는
해마다 첫사랑이고
금방 꽃으로 가득 채워질
봄동산이 아른거려
벌써 가슴이 벅차오른다

응달쪽의 잔설을 바라보며
한 박자 더딘 그대와
함께 하지 못함을 이해하라
이미 양지에 깊이 빠져버렸으니
후회 없이
나의 봄날에 흠뻑 젖으리

곱돌의 사연

불혹이던 그녀와 진한 눈빛으로 만나던 날
임진강에는 봄빛이 흐르고 있었지
강물이 들며날며 매끈해진 몸매 때문일까
나를 바라보던 그 눈빛이 좋아서
어루만지던 그 손길을 따라와
베란다 한켠에 조용히 앉아 있었다

짙푸른 여름 날
싱싱한 오이를 가지런히 담은 항아리에
나의 무게를 눌러 소금물에 빠진다
염장에 바다로 간 강물이 그리워도
절이는 일에 정성을 다한다

오이지를 유난히 좋아하는 그녀가
아삭아삭 맛나게 먹는 소리에
그날의 영롱한 물색을 추억하며
내 몫을 다한 뿌듯함을 듣는다

운악산에서

비 가림 아래 산성비 맞을 일 없고
긴 여름날 태양과의 교감으로
태우는 일에만 공을 들였나

똘똘 뭉친 형제자매들
탱글탱글 흑진주로 반짝거린다
젖줄을 놓칠세라 넝쿨에 매달려
무슨 수다로 깔깔대는지

포도 향 질펀한 운악산에서
입술에 묻은 새콤달콤이
내 안에서 굴러다니다
빠져나가지 못한 까만 눈동자
그 풋풋한 유년의 계절로 남아 있는가

꾸지뽕과 상황버섯

도깨비 방망이 같은 고목 위에
몸에 좋다는 상황버섯
하늘을 떠받들며
꾸지뽕의 진액을 빨고 있다

겨울 없는 수백 년의 세월
비와 바람이 그를 지켰고
캄보디아 앙코르왓이
정글 속에 숨어 있을 때
꼭대기 파수꾼으로 살았나 보다

선뜻 열어볼 수 없는
발길 뜸한 산기슭에
웅크리고 앉아있던
가시 돋친 꾸지뽕나무 상황버섯
케케묵은 누런 사연이 보물이라니

겨울 국화

가을 햇살 먹으며
탱탱하게 여문 꽃송이
예고 없이 쏟아지던 칼바람에
쫓겨 온 피난살이
낯설어도 추위 막아주는
여기에 살자며
목마름을 달래주는 사람들

힘내리라
사랑을 마시며
싱싱함에 머물고 싶지만
창밖에 햇살 그리워
절실한 눈짓을 보내도
차가운 외면인 것에
야위어가는 꽃 이파리
기운 떨어져 히마리 없는데
국화향이 너무 좋다는 사람들아
죽어도
향기는 그냥 두고 가리다

송년음악회

마야의 진달래꽃이 활짝 피었다 진다
박수를 치면서 우리는 한 페이지를 덮어야 한다
애정을 쏟아주던 사람들
나의 회색 구름도 채색해주던 사람들

그대 곁에 있어 좋았다
하얀 눈 위에 첫 발자국 아니더라도
우리의 따스한 가슴만 있다면
다리가 아파와도 걸어 걸어가보자

서녘에 겸손으로 벗은 겨울해가
보름달로 노을에 앉아 있지만
눈부신 태양은 변함없이 아침을 열리니
나보기가 역겨워 가실지라도
소요산 진달래 마중할 일이다

응급실에서 전화 받는 남자

그는 어제도 우울하다고 했다
파랑새에 베체트가 파고들어
상처를 매달고 뒤뚱거리니
손이 되고 발이 되고 날개도 되면서

그는 매일 산을 오른다고 했다
파랑새를 힘겹게 업고
계절의 언덕을 넘으며
세상 끝을 딛고 절벽을 보면서

그는 천근으로 집을 찾는다고 했다
창문을 열어 달빛을 끌어와
홀로인 밤을 다독이며
파랑새 옆에 그림자로 누워

아내가 날아가는 꿈을 꾸면서
노심초사에 젖어 사는 그는
푸른 날의 기억이 까마득하다고
못다 한 고백을 문자로 날린다

다비소

꽃샘추위가 오락가락하면서
봄꽃이 망울망울 터지고 있는데

아내를 지켜주지 못하고 떠나는
슬픈 통한의 소리 어디쯤에서
미안해 미안해 허공을 도네

미망인이라는 멍에를 얹어주고
홀연히 떠나는 망인은
함께한 30여 년의 희로애락을 둔 채
한마디 품고 있던 유언까지 태운다

누가 누구에게 죄인이던가
기다림도 형태를 지워버린
남아있는 자의 마지막 오열은
한 줌의 재에 피맺힌 한을 섞는다

밤 손님

노크도 없었고
개도 짖지 않았다
아무도 몰래
떼로 몰려와
안마당을
지붕까지
무단 점령한
하얀 군상들
눈이 부시다

눈을 치우다

하얀 때 밀어
검은 속살을 만나는
고독의 삽질을 하다

슬그머니 곁눈질
황홀한 순백의 반짝거림이
온밤 새워 단장한
솜이불의 유혹

온몸이 달아오른다

뽀드득
첫 발자국
몽롱한 떨림인가
그만 콰당 미끄러졌다

탐해선 아니 될 사랑을 한거야

설화

천상의 무희
폭넓은 하얀 드레스
소나무에 펼쳐놓고

다소곳해
따스한 눈길로 바라보지만
차디찬 아름다움이다

아침 햇살보다
그 화려함이 눈부신데
머물 수 없어

누구의 시샘인가
송구영신의 그날에
속절없이 녹아내리는 눈물이 된다

잔설

고부지간에
목화솜 펼쳐놓고 정담이던
유년의 어렴풋한 풍경
그 순백의 유혹

가만히 만져보는 순간
거짓처럼 스며드는 냉기
그 겨울을 끌어안고
아랫목 온기를 목숨처럼 사랑했지

퇴색으로 남아있던 잔설
입춘 맞은 새봄이 눈 뜨면
속살을 반쯤 드러낸 건너 산
소리 없이 사라질 희끗한 잔해들
찬바람에 떨던 적막도
지워야 할 아릿한 그리움이 된다

세월은 모든 것에 흔적을 남긴다

매섭도록 차가운 날
흰 도포 자락 휘날리며 내리시더니
정좌한 그 자리가 명당인 줄 아시는가
누구의 발자국도 거부한 채
백설의 고고함으로 냉정하지만

얼었다 녹기를 반복한 힘겨움에
구멍 숭숭한 골다공증이 역력하다
기력을 다한 잔설은
봄빛의 귀 뜸에 솔깃하더니
발아하는 씨앗을 만나러
슬그머니 땅속 어딘가로 스며든다

여력으로 새싹을 힘껏 밀어 올려
움터오는 새 생명이 꿈틀거리는
세월은 모든 것에 흔적을 남긴다

최수경 작품론

카타르시스 그 의미와 원향原鄕의 탐색
−최수경 시집 『잔디 깎는 남자』를 읽고

金 京 秀 (시인·문학평론가)

1. 향토적 의식지향의 승화

　최수경(본명 : 최영숙) 시인은 1996년 문예지(해동문학)를 통해 일찌감치 문인으로서 인정 받는 등단의 형식을 취했다. 그는 이미 동두천이라는 모태의 원향에서 분단의 아픔을 누구보다도 현실로 겪으며 저 깊은 내면으로부터 문학의 정신적 자세와 함께 삶의 방향을 나름대로 또박또박 잡아가는 힘을 길러 왔음을 알 수 있다. 그 이유는 당시 문학의 불모지였던 동두천에서 문학 동인형식인 "소요문학회" 창립에 주도적 역할을 하여, 지역적 특성에 어울리는 많은 문학적 언저리를 찾아서 동두천 시민의 정서는 물론 삶의 질을 향상하는데 큰 역할이 있었음을 업적을 통해 들여다 볼 수 있음이다. 즉, "한국문인협회 동두천지부" 창립에 선도적 역할을 하였으며 지부장으로써 매년 "시민백일장" 및 "저명인사를 초청하여 詩 창작 강의"를 하는데 주도적 역할을 하였다. 알 수 있듯이 최수경 시인은 동두천이라는 고향 자체가 자신의 문학적 모태이며 그곳에서 살아오면서 체험한 향토적 서정성을 이미 문학적으로 승화 하는데 나름 성숙한 의미를 충분히 보여 주었다. 그의 처녀시집 『묻어둔 사랑 향내 있겠네』와 두 번째 시집 『소요산 가는 길』에서 나타난 최수경 시인의 창작 의식은 고향 산하에 대한 치열한 사랑과 그리움의 목소리가 주류를 이루고 있다. 한편 2009년에 발간한 세 번째 시집 『다시 피는 불꽃에는 연기도 없다』에서도 그가 발 딛고 살고 있는 곳을 노래하고 있다는 것은 틀림없는 사실이다. 그것이 지역자연과 지역문화이든, 가족이든, 통일이든, 그것은 그 속에 화자의 현실과 비현실의 삶이 깊이 들어 있기 때문이 아닐까 생각해 보면서ㅡ

이번에 네 번째 시집의 표제인 『잔디 깎는 남자』에 나타난 전 90여 편의 작품에서도 앞에서 소개한 이전에 출간한 시집과 대동소이大同小異함을 인식 할 수 있다. 그렇지만 이번에 상재하는 시집에서는 시인의 경험 세계를 용광로 같은 뜨거운 입김으로 솔직한 표현을 독자들에게 밝혀 놓았기에 시적 대상이 지니고 있는 상상력을 통해서 체험한바 읽는 이로 하여금 순수한 기쁨을 맛보게 하였다.

한국전쟁이 낳은 동두천
온갖 멸시와 거부의 기지촌

이국인들의 뒷골목이던
어둠뿐인 시간도 멀리 흘러갔다

충청도 할머니가 미국인줄 알았다던
보산동 간판들이 얼굴을 씻고
말끔하게 단장한 철든 거리에
관광특구의 명품들이 반짝거린다

역사는 비켜갈 수 없지만
사람들은 현실에 산다
유구한 흐름 속에
신천의 셀 수 없는 변천사

당신의 어머니가 살고
당신의 딸들이 사는
고향이 어디냐고 물으신다면
다시 찾아 올 수밖에 없는 동두천이라고
떳떳하게 말할 수 있는 꿈의 도시다
　　　-「동두천은 예전의 동두천이 아니다」 전문

　최수경의 이번 시집에서 시적詩的여정을 원향原鄕의 탐색이라 할 때 화자는 어째서 이러한 탐색의 길로 나섰는지를 이해하는 것은 그의 시를 이해하는 첫 관건이라 할 것이다.
　위 인용 시에서 화자가 작금에 직면한 현실적 상황을 보게 되는데, 그것은 동두천이라는 고향이 과거의 사람들 관념에 박혀있던 생각들은 이미 지났다는 시선을 상징적으로 인식, "역사는 비켜갈 수 없지만/사람들은 현실에 산다."(「동두천은 예전의 동두천이 아니다」3연 1, 2행) 라는 철저히 현실 지향적이고 리얼리즘적 태도를 고수하는 태도를 보이는 것이다. 또한 시의 문장이 현재형으로 되어 있다는 사실은 그의 고향에 대한 현실 인식 태도가 강하다는 증거가 되기도 한다. "당신의 어머니가 살고/ 당신의 딸들이 사는/ 고향이 어디냐고 물으신다면/ 다시 찾아 올 수밖에 없는 동두천이라고/ 떳떳하게 말할 수 있는 꿈의 도시다."(「동두천은 예전의 동두천이 아니다」4연) 저러한 최수경의 시의 배경은 '지금 여기', 곧 시간적으로는 현재요, 공간적으로는 화자가 살고 있는 삶의 현장 바로 동두천이라는 곳이다.

    이정표의 몫으로 나그네를 반기고
    오백 년 뿌리마다 전설 엮어
    해마다 마을 수호신제
    고령에도 겨울을 거뜬히 넘겨
    우듬지마다 신록을 주렁주렁 채운
    코끼리 가죽 같은 우람한 고목엔
    언제나 시원한 바람이 샘솟아
    폭염이 눌러 앉으려다 기절한
    지행동 느티나무
    오늘도 참새 떼 재잘대며
    희로애락이 머물다 가는구나
    사방 아늑하게 둘러싼 작은 산들
    온갖 새소리와 풀꽃향기 어우러져
    달빛도 환하게 찾아오신 이곳에
    누구 소원 하나 얹어 놓는다

              -「지행동 느티나무」전문

최수경 에게는 고향이 과거 화해의 추억이 깃든 이상적 공간으로 인식되고 있다. 전통적인 전설이나 민속적 놀이 "오백 년 뿌리마다 전설 엮어/ 해마다 마을 수호신제"(「지행동 느티나무」 2, 3행) 등에 대한 관심이 높다. 오직 그에게의 고향 인식은 희로애락이 함께 하고 또 머물다가는 삶의 현장 공간으로 인식 되고 있는 것이다. 그 속에서 살아가고 있는 그곳의 누군가는 오늘도 커다란 느티나무 아래 그들이 성취하고자 하는 작은 소원하나 얹어 놓는 공간으로 자리매김하고 있다.

　문학에서의 체험의 중요성을 말하고 있는 딜타이도, 문학의 소재는 인식의 대상이 현실 자체가 아니라 "삶에서 어떤 관계를 가지고 성립되는, 화자와 사물들의 존재"라고 말하고 있다. 걸산동 이라는 작품을 보도록 하자.

　　가까워도 먼 곳
　　걸산동을 아시나요

　　이유 분명해도
　　무장한 이국인에게
　　신분증을 검사받아야 들어갈 수 있는 곳
　　김승록 독립투사의 초라한 봉분 옆에
　　야생화 지천인데
　　맑은 계곡에 전설 같은 풍경이 흐르고
　　풀냄새 사방에 넘실거려
　　그저 머물고 싶은 곳

우편번호 있어도
외인부대가 가로막아
어둠이던 반세기를 넘어
지척인 오지로 안타까운 섬
고향을 버리지 못해
소박한 사람들이 군데군데 둥지 튼
동두천에 이런 작은 마을이 있답니다.

-「걸산동」 전문

위 시에서 화자는 잘 알려진 대로 동두천이라는 지역의 역사적 특이성 때문에 나타나는 현실적 괴리현상을 이야기 하고 있다. 이 작품에서 최수경은 원향原鄕의 탐색에서 역사 인식의 전환을 꾀하고 있는 것이다. 그가 6.25의 역사적 현실과 궁핍하지만 전쟁 후 반세기가 훌쩍 넘었는데도 불구하고 고향을 버리지 못해 반현실적 모습을 띠고 있는 원향의 현실을 어찌 할 수 없는 향수지향鄕愁志向적인 시인의 태도로 극명하게 보여주고 있다.

이처럼 시인의 의식지향은 역사적 의식으로 향하고 있다. 그의 유사한 작품 하나를 더 보자.

C-123
창공을 힘차게 날던
20여 년을 꽁꽁 묶어
기능저하라는 죄목으로
동두천시 상봉암동 162번지에
생매장하다

육중한 몸매를 자랑하며
온갖 수송을 위해 공중을 오가던
수많은 업적은 사라지고
전시를 위한 퇴물로 앉아

녹슨 날개를 어루만지는
퇴역 공군의 회상 속에서
꾸물거리는 기억을 열어
정말 대단했었노라는
숨찬 소리가 들리는 순간

잠재웠던
그 기개 살아나
푸른 하늘을 향한
먼 이륙을 꿈꾼다

―「박물관 수송기」 전문

위 인용시 박물관 수송기는 현재 최수경 본인이 자원봉사로 근무하고 있는 동두천 자유 수호 평화 박물관 앞마당에 상시 전시중인 6.25 전쟁 당시 사용했던 수송기를 말하는 것이다. 인용시가 친절하게 전달해 주듯이, 수송기의 활약은 당시의 삶과 죽음을 마주 했어야 했던 우리 민족의 아픔을 새롭게 마주침으로써 어느 퇴역 공군이 방문을 해서 그때 회상의 장면을 듣고 불현듯 그 과거사 실체를 드러내 놓으려는 역사적 인식의 각성을 넘어서서 시인의 정신 속에 남아 있는 과거적 자아를 투영한다. "잠재웠던/ 그 기개 살아나/ 푸른 하

늘을 향한/ 먼 이륙을 꿈꾼다."(「박물관 수송기」 4연)

　최수경 시인의 아름다운 고향, 그에게 있어서 출생과 성장지로서의 고향은 그의 시적 태도를 결정짓는데 있어서 누구보다도 강한 포에지의 지향성을 매우 명징하게 드러내고 있음은 분명한 사실이다.

2. "내가 당신을 어떻게 사랑 하냐고요?"

　엘리자베스 브라우닝은 이런 말을 했다.
"내가 당신을 어떻게 사랑 하냐고요?" 그러면서
"내 영혼이 닿을 수 있는 깊이만큼, 넓이만큼,
그 높이만큼 사랑합니다."라고 말한다.

　세상에 사랑하는 일보다 더 아름다운일 또 있으랴 마는 시인의 사랑법을 알아보자.

　　나뭇잎 파랗게 움틀 때
　　두 손 꼭 잡아주며
　　바람에 상처 없이 키워 줄
　　사랑인 줄 알았네

　　어느 날 노랗게 빨갛게
　　유혹처럼 물들이고
　　사람들의 시선이 너무 뜨겁다고
　　찬바람 불러와

헤어지자 떨쳐버리니
갈 까마귀 높이 날며 울었다네

바스락거리는 끝자락에서
새순의 잉태를 위한
진심을 알고서야
미안해하지 말라고
흔적 없이 지워야 하는
누군가의 발밑에서
와사삭 가루가 되어도 서럽지 않다고

-「사랑법」 전문

 새뮤얼 버틀러는 "살아가는 일은 결국 사랑하는 일"이라 했던가? 위 시에서 알 수 있듯이 사랑은 부단한 부정과 확인, 재부정과 재확인이라는 반복행위에 의해 자신의 존재와 그 의미를 탐구한다. "나뭇잎 파랗게 움틀 때/ 두 손 꼭 잡아 주며/ 바람에 상처 없이 키워 줄/ 사랑인 줄 알았네."(「사랑법」 1연) 시인은 이처럼 사랑에 대한 확인의 아쉬움을 나타내고 있다.
 "어느 날 노랗게 빨갛게/ 유혹처럼 물들이고/ 사람들의 시선이 너무 뜨겁다고/ 찬바람 불러와/ 헤어지자 떨쳐버리니/ 갈 까마귀 높이 날며 울었다네."(「사랑법」 2연)라며 부정의 의미를 나타내고 있다. 사랑이란 이처럼 부자유함을 가지고 탐색하는 삶의 주체가 아닐는지-
 다음으로 이 시집의 메타 텍스트로 사용하고 있는 '잔디 깎는 남자'를 본격적으로 읽어보도록 하자.

제초기를 밀며 왔다 갔다 하는
야윈 어깨에 땀방울이 꽤나 솟았을
그를 보며 풍산개 두 마리가 꼬리를 흔든다
일을 만들어서 하느라 쉴 틈이 없고
흙을 좋아하기에 부지런한 그런 사람

남들은 성실하다고 하지만
깐깐한 성품으로 온갖 고뇌를 안고
털고 싶은 맏이의 갖은 풍상을 겪는
걱정도 팔자라는 그를 두고 내가 하는 말

손쉬운 소유보다
자존심이 우선인 남자
주름진 노년의 길목인 걸 아는지
날마다 비상을 꿈꾸던 날개를 접고
그날이 그날인 고향에 눌러앉아
돌아가는 육자배기 인생을 살고 싶은가보다

-「잔디 깎는 남자 1」 전문

앞에서 살펴본 최수경의 시가 카타르시스 그 의미와 원향原鄕의 탐색이라면 이번 장에서는 그러한 원향적 탐색이 사랑의 카타르시스로 승화된 화자의 가족사랑, 특히 그의 동반자인 남편에 대한 변함없는 사랑 "남들은 성실하다고 하지만/ 깐깐한 성품으로 온갖 고뇌를 안고/ 털고 싶은 맏이의 갖은 풍상을 겪는/ 걱정도 팔자라는 그를 두고 내가 하는 말"(「잔디 깎는 남자 1」 2연)을 완벽한 모성애와 여성성으로서의 애틋한 마음을 은밀히 표현하고 있음을 알 수 있다.

긴 여름 해가 기울 때쯤/ 잔디 깎는 소리 요란하면/ 창틈으로 솔솔 풍기는 향긋한 유혹/ 풋풋한 첫사랑에 빠지듯/ 이유 없이 좋은 풋내를 마신다// 그에게 흠뻑 취하고 싶어/ 음료수 한 잔 들고 나가면/ 잔디 깎는 남자/ 얄궂은 나의 속내를/ 설마 눈치 채진 않았을까// 마당 한 켠/ 강아지랑 노니는 풍산개/ 먹이를 만드느라 큰 솥에 장작불 타고/ 뽀얀 연기가 파란 잔디를 덮는/ 시골풍경을 두고 해가 서산에 진다

-「잔디 깎는 남자 2」 전문

 저 유명한 『정글북』의 작가 러드야드 커플링은 '네가 세상을 보고 미소 지으면, 세상은 너를 보고 함박웃음 짓고, 네가 세상을 보고 찡그리면 세상은 너에게 화를 낼 것이다.'라고 한 말을 문득 생각해 본다. 그렇다 "풋풋한 첫사랑에 빠지듯/ 이유 없이 좋은 풋내를 마신다"(「잔디 깎는 남자 2」 1연 4, 5행) "그에게 흠뻑 취하고 싶어"(「잔디 깎는 남자 2」 2연 1행) 이러하듯 화자는 밖에서 남편의 잔디 깎는 소리와 날카로운 칼날에 깎여 나가는 풀 향기 속으로 빨려 들어오는 남편의 든든하고 믿음직한 노동의 모습에 그 옛날 첫 사랑을 떠올린다. 그리고 먼저 음료수 한 잔을 들고 그에게 다가가니, 혹여 사랑하는 내 남편이 나의 마음을 몰라보지나 않을까 하는 조바심에 "재차 얄궂은 나의 속내를/ 설마 눈치 채진 않았을까"(「잔디 깎는 남자 2」 2연 4, 5행)라고 중얼거리게 할 만큼 그 속에 내재 되어 있는 사랑의 공간이 명징하고 당돌할 정도로 긴장감이 감도는 여인의 모습에서 가족에

대한 배려가 얼마나 지고지순한 지를 확연히 드러내고 있다는 사실에 이 시집을 읽는 독자들도 동의하리라 본다.

한 가족이 농촌 같은 도시에 살면서, 함께 일하며 생사고락을 하는 과정 속에서 입게 된 가족의 상처와 행복, 그 양면의 내면화를 통해 부부라는 특정한 관계에서 나타나는 삶의 질곡들에 대한 원체험을 함께 사는 남자를 통해 화자는 꼼꼼한 관심과 사랑의 성찰을 보여 주고 있는 작품이다. 그의 가족사랑은 일상의 잡초를 다듬는 「잔디 깎는 남자 3」에서도 마찬가지로 나타나고 있다.

3. 아낌없이 주는 나무, 그 천착의 길

사실 최수경의 원래 고향은 양주이지만 그가 살아온 반세기 정도는 현재 삶의 터전인 동두천이다. 그는 시인으로 등단이후 정말 부지런하면서도 치열한 창작의 정신으로 작품 활동과 한국문단의 발전을 위해 활동을 해오고 있는 문단 중견의 시인 대열에 섰다 할 것이다.

그러면서 그에게는 언제나 대명사처럼 따라 다니는 한 종가宗家의 맏며느리인 종부宗婦라는 이름이다. 요즘 같은 양성평등주의 시대에도 어디 하나 흐트러짐이 없는 올곧은 그의 성품과 삶의 궤적들이 작품 곳곳에 옥빛처럼 스며들어 있음이 이를 증명하고 있다. 우리의 어머니, 우리의 아내, 우리의 며느리들은 이러한 시대의 역경을 감내하며 숙명처럼 받아들이며 살아 왔다.

어찌 보면 그에게는 아낌없이 주는 나무, 종가의 종부로 살아가는 것이 어렵고 힘든 삶이기보다는 오히려 시대를 한 차원 아우른 다는 자부심으로 주위의 편견을 일축하고 한 가정의 아내로서 긍정과 낙관적 인식의 삶이 어쩌면 가정과 가족, 그리고 자신을 위한 구도求道의 길임을 천착하고 있는지도 모른다.

    털어버릴 수 없는
    짓눌림의 상념들이 따라와도
    침묵으로 감당해야 할 나의 몫
    많은 식구들이 진정 반가웠을까
    온종일 종종걸음이다

    어제는 까치들이 유난을 떨고
    홍동백서의 의식 절차
    사대가 북적대며 주고받는 덕담
    손자들의 절하는 모습은 얼마나 대견하던지
    아버님의 눈빛은 분명 흐뭇함이다
    38년째 변함없는 맏며느리 자리
    타는 향불로 되살아나는 날
    오랜 익숙함에도
    끝내 도지고 마는 허리 병

                      -「맏며느리」 전문

위 시에서 보듯이 최수경 시인이 종가의 종부로서 최선을 다하는 삶을 살았다 할지라도 그에게 주어진 시대적 요구와

무거운 짐을 짊어짐에 있어서 전혀 무리가 없었던 것은 아니라는 것이다. "털어버릴 수 없는/ 짓눌림의 상념들이 따라와도/ 침묵으로 감당해야 할 나의 몫/ 많은 식구들이 진정 반가웠을까/ 온종일 종종걸음이다."(「맏며느리」 1연)에서 스스로 밝혔듯이 이는 그가 살아온 삶속에서 힘들어도 그 누구에게도 내려놓을 수 없는 자신에게 주어진 짐을 지고 길 찾기를 하고 있으며 그 길이 바로 그의 피난처일 수도 있는 것인데ㅡ"손자들의 절하는 모습은 얼마나 대견하던지/ 아버님의 눈빛은 분명 흐뭇함이다/ 38년째 변함없는 맏며느리 자리"(「맏며느리」 2연 4, 5, 6행) 어쩌면 38년이라는 세월 동안 아무도 모르는 화자만의 상념想念의 모습을 담고 있다. 이는 곧 "오랜 익숙함에도/ 끝내 도지고 마는 허리 병"(「맏며느리」 2연 8, 9행)이다로 끝나는 화자의 소리 없는 절규, 즉, 종부의식이 설득력 있게 묻어나고 있다. 이러한 화자의 모습은 다른 사람을 행복하게 함으로써 받는 기쁨 외에는 사실 아무것도 기대 하지 않는 자기희생적인 종부의 상인 것이다.

　최수경의 진일보한 가족사랑은 다음 작품에서 나타나듯이 다분히 숙명적인 자의식의 형태로 나타나고 있다. 작품을 보도록 하자.

　　장수 깊은 골
　　한적한 길 가
　　정겨운 옛날이 그대로인 그 집
　　툇마루에 학으로 앉아계신
　　구십의 노모는 홀로 살고 계셨습니다

언뜻 당신의 선한 눈빛이
나의 어머니기에
울컥하는 마음을 눌러보지만

주름 펴 활짝 웃음 짓는
당신의 모습이
정녕 나의 어머니기에

누구든 오는 사람 반기며
외로움을 나눠주시는
나의 어머니기에

언제나 대문까지 따라 나와
버릇처럼 손을 흔드시는
나의 어머니기에

그러나 아무리 보고 싶어도
볼 수 없는
나의 어머니기에
잃어버린 그날을 끌어안고
나는 그만 산그늘에 흠뻑 젖었습니다
　　　　　　　　　-「그 어머니」 전문

　시인이 자신이 경험한 세계를 가장 진실 되게 말할 때 그 시인의 언어는 읽는 이에게 많은 공감대를 형성해 준다. 가족의 역사와 질곡이 교차하는 지점에서 시인은 자아성찰을 지속하며, 그 성찰을 가족사랑, 자연과의 합일슴ㅡ, 그리고 원향原鄕의 의미에서 찾고 있다. 그러면서 사회의 봉사로 확대해 나가고 있는 것이다.

4. 자연친화적 구도 정신

  사실 최수경 시인은 현재 동두천 자유수호평화박물관에서 지역 발전을 위하여 자원봉사를 오랫동안 해오고 있는 자원봉사자이기도 하다. 특히 그가 자원봉사를 하고 있는 곳은 소요산이라는 아름다운 풍광이 자리잡고 있는 곳이기도 하다.
  소요산 언저리에 자리 잡고 있는 동두천의 자연을 바라보는 시인의 눈은 늘 상상력의 구조다.

    어떤 파충류는 과거가 싫어 허물을 벗고
    개구리도 올챙이 적 시절이 있는데
    누군들 굴곡을 감추고 싶은
    지난날이 없었겠는가

    동면하는 동안
    어지러운 후회와 갈등을 다독이며
    성찰의 기다림은 너무 추웠지

    겨울에서 **빠져나온**
    우리의 만남이 황홀한데
    잔설 녹아내리는 작별을 추억하며
    또 다른 시작이 축복이길 바라는

촉촉이 스며들 봄은 오시는가
―「경칩」 전문

이 인용시는 생명적 구도의식을 포괄적으로 담고 있어 필자의 눈이 끌린다. 여기서 '경칩'이란 생명적 표상 내지는 동면冬眠을 통해 세속을 떠나 무상무념으로 겨울동안 땅속에서의 힘난한 성찰의 삶, 기다림의 삶의 모습들을 형상화 하고 있기 때문이다. 물론 일반적으로 보면 말 그대로 '경칩'은 일 년 24절기 중 3월에 들어 있는 첫 절기이다. 즉, 개구리가 겨울잠에서 깨어난다는 뜻이다. 그러나 개체로서 "동면하는 동안/ 어지러운 후회와 갈등을 다독이며/ 성찰의 기다림은 너무 추웠지"(「경칩」 2연) 즉, 구도정신으로 연결되고 확대 할 때 강한 생명력과 힘을 획득하게 되는 것이다. "겨울에서 빠져나온/ 우리의 만남이 황홀한데"(「경칩」 3연 1, 2행) 서로 결합하고 역동적으로 시작 될 때 비로소 생명력과 희구希求정신이 발휘하게 되는 것이다. 그러면서 "또 다른 시작이 축복이길 바라는/ 촉촉이 스며들 봄은 오시는가"(「경칩」 3연 4, 5행)같이 선량하면서도 슬기로움을 간직하고 있는 표현에서 섬세하면서도 비판의식이 깔려 있는 자연친화적 지성이 엿보이기도 한다.

이처럼 최수경의 자연친화적 시세계가 현실의 분열상에 대한 날카롭고 의식적인 반발에서 비롯되고 있음을 보여준다.

하얀 나비들을 떠나보낸 터라

푸른 그리움만 빼곡하게 키우는데
갓 핀 능소화 그 이름도 이쁜 것이
공손히 다가와 배시시 웃음 던지며
길게 뻗은 팔로 얼싸 안는다

날마다 파고드는 뜨거운 고백
못다 한 사랑의 목마름인가

아름다운 공생을 꿈꾸는
잔가지마다
타고 오르는 능소화의 집착
조이고 또 조여 오는
넘치는 애정행각에 야위어가는
목련의 절규
이건 사랑이 아니라며
서둘러 자멸하는 이유가 된다
― 「어느 목련의 비경(悲境)」 전문

이 시에서도 자연친화적인 요소가 내포 되어 있다. 그러면서 사람으로 치면 운명에 대한 사랑과 자기 희생정신(집착이 아닌)을 통한 실천적 사랑만이 인간을 구원 할 수 있다는 깨달음을 목련을 통해 보여 주고 있다. 이는 참다운 개인의 발견과 그 소중함의 자각을 기초로 할 때 공생의 의식이 형성 될 수 있다는 뜻으로 받아 들여 지는 것이다.

치마폭에 숨은 가시로
유월의 사내를 거부하며

탐욕의 손등을 할퀴어 봐도
틈새로 들이미는 눈독에
새벽마다 땀을 흘린다
　　　－「유월의 장미」 일부분

창밖에 햇살 그리워
절실한 눈짓을 보내도

국화향이 너무 좋다는 사람들아
죽어도
향기는 그냥 두고 가리다
　　　－「겨울 국화」 일부분

　이 시편들에서 보이듯이 자연(세상)과 현실이 우주질서의 구현 내지는 자연 생명의 조화로운 화음 등— 의미를 함축하고, 자연의 질서 속에서 살아가는 우리 인간들의 편협한 본원적인 모습에 대한 안타까움을 표현하고 있다. 따라서 최수경의 시세계가 재래적 의미의 자연친화적 서정시와는 구별되는 현실대응 방식의 하나임을 생각해 볼 수 있다.

5. 사물과 카타르시스의 인식

새벽마다
느슨해진 괄약근에 앉아
머리끝에서 발끝까지

관절과 실핏줄의 조화로
마디마디가 개운하다

쏴아 물 내리는 소리
오장육부를 쓸어내리고
밤새 들락거리던 헛꿈까지
비우고 나면
또 하루의 탐욕이 시작된다

채우고 비우는 일이
살찐 가을이요
넘치는 사랑이라면
더 비움을 위하여
오늘은 부처 앞에 앉아야 할까보다

-「카타르시스」 전문

　사람이 아름다운 이유는 슬퍼도, 또는 상처를 받아도 자신을 위로하고 사랑하며 어떻게 살아가는가를 추구할 줄 알기 때문이다. 위 작품에서 보듯이 최수경 시인의 시적 여정은 잃어버린 욕망의 탐색이라고 볼 때 그러한 탐색에의 길로 왜 나가는가를 이해하는 것은 그의 시를 이해하는 관건이 된다. 인용 시에서 우리는 시의 화자가 직면한 부조리한 상황을 읽게 되는데, 그가 소통을 원하는 현실에 대한 순수한 욕망과 의지를 위해서는 이미 있는 것을 비워내야만 하고, 필요 이상으로 채워져 있는 탐욕들을 버려야 함에 시적화자는 고민하는 것이다. 또 한편으로는 비워내는 것조차 용이하지 않는 현실의 표면을 "더 비움을 위하여/ 오늘은 부처 앞에 앉아야 할까보다"(「카타르시스」 3연 4, 5행)— 라며 스스로에게 자문하고 있다. 이 모순된 상황을 인식하는 자 또한 바로 시의 화자이며 카타르시스를 느끼는 동일 인물임을 알 수 있다. 그러니까 억압된 본능이 승화되어 나타난 것이라는 프로이트 예술관에 초점을 두고 있다 할 것이다.

  그의 또 다른 작품을 보도록 하자.

> 첫 만남이 언제였는지 모르지만
> 너를 알고부터
> 즐거운 일이 많아 졌어
> 아침을 깨워주고
> 때마다 음악을 들려주는
>
> 너는 아니
> 네가 나의 연인이라는 걸
> 하루에도 수없이 눈길을 보내고
> 만져 봐도 열어봐도 느낌이 좋은
> 알면 알수록 매력 덩어리
>
> 잠시라도 떨어지면 불안해
> 그래서 우리는 같이 사는 거지
> 이미 저장된 나의 일상과 과거를
> 고백하지 않아도 될 품격 높은 동반자
> 패턴 설정
>
>   -「동반자」 전문

정보화 시대의 덕을 보며 사는 첨단과학의 시대에 가장 소통의 매체로 인정받고 있는 것이 스마트 폰이다. 요즘의 스마트 폰은 인간의 표현 욕구를 다 들어 주는 비상수단으로써 그 가치를 톡톡히 하고 있다. 결국 시인에게 있어 스마트 폰이란 현대사회를 살아가는데 있어서 복잡 다양한 정보를 전하는데 없어서는 안 되는 필수품이자 일상과 동행하는 유일한 소통의 수단이며 동시에 그에 의해 삶의 세계를 구축하는 현대적 전언을 전하는 매체로 작용하는 것이다.

이처럼 시인에게 있어서 표현욕구의 언어(수단)인 매체를 통해 현대인의 갈증을 스스로 해결하고 스스로의 억압된 본능에 맞추고 있다 할 것이다. 최수경 시인이 현대인의 정신과 현대적 생활의 정보화 갈증을 얼마든지 변형 가능한 상태를 동반자로 인식한(카타르시스를 느낀)이상, 둘은 모종의 새로운 관계를 확립해야 하는 것이다. "잠시라도 떨어지면 불안해/ 그래서 우리는 같이 사는 거지/ 이미 저장된 나의 일상과 과거를/ 고백하지 않아도 될 품격 높은 동반자/ 패턴 설정"(「동반자」 3연)— 이처럼 사이버(인터넷)공간이 현대적 삶과 콤플렉스로써 인간의 본질을 희구하는 정신사이의 간극을 좁히는 방법을 찾아야 하는 것인데, 그는 이 불안한 현대를 온전히 스마트 폰의 몫으로 의지하고 맡기고 있는 것이다. 이는 패턴을 설정함으로써 불안과 고독, 우울함을 극복하는 현실적 카타르시스로 승화되어 나타나고 있는 사실에 우리의 주목을 요하는 것이다.

흰색 바지에 얼룩이 졌다

세제를 묻혀 비벼 빨아도
말끔하게 지워지지 않는다
조심했어야 했는데
어쩌랴
버리기로 마음먹다가
딱 한 번만
그러면서 몇 번 더 만났다

탱탱하게 잘 익은 버찌를 따먹다가
버찌물이 들었다
작은 실수를 뚜렷하게 적어 논
허물을 씻어보라며
진한 락스 물에 푹 담가 두었더니
얼룩이랑 버찌물이 깨끗이 없어졌다

왜 몰랐을까
하마터면
내 맘에 쏙 들던 바지가 떠날 뻔했다
너와의 인연은 아직 끝나지 않았구나
이별, 이렇게 미룰 수 있는 것을

-「집요한 애정」 전문

 위 인용한 작품에서 화자는 일상에서의 순간적 삶의 수신 고장과 같은 갈증을 자신의 잘못으로 승복하는 것으로 나타난다. 그 결과 화자는 허물을 씻어보라는 죄를 자각한 인물로 이야기하고, 그에 따라 생각이 바뀌면 얼마든지 행동이 바뀌고 행동이 바뀌면 자신의 세계를 변형 가능하게 만드는 것이라는 걸 집요한 애정을 통해 실현 해내고 있는 것이다.

이렇듯 자신의 삶의 세계를 변형 가능한 현실로 인식함에 있어서 과학적 현실이(매개) 필요한 것을 다시 한 번 각인 시키고 있는 모습이다. "허물을 씻어보라며/ 진한 락스 물에 푹 담가 두었더니/ 얼룩이랑 버찌물이 깨끗이 없어졌다"(「집요한 애정」 2연 4, 5, 6행) "왜 몰랐을까"(「집요한 애정」 3연 1행)에서 보여 주듯이 그가 이야기하는 자문의 어조는 형식면에서 보면 암시와 상징의 힘을 빌리고 있으며 시인의 영감도 무의식 가운데 잠재되어 있다는 사실에서 알 수 있듯 앞에서의 이 억압된 욕구를 표출하는 모습이 수준 높은 예술관에 가깝지 않나 독자로서 생각을 해보는 것이다.

노드롭 프라이는 '작품은 작가가 만드는 것이 아니라 문학 그 자체가 만드는 것'이라는 명제를 내걸었는데 이는 '내 속에서 나를 넘어선 무엇인가 나도 모르는 것이 나로 하여금 작품을 쓰게 한다'는 전범典範으로서 말할 수 있는 것이다.

물고 빨고
그대 없이는 살 수 없노라던
당신의 사랑에 빠져
온몸이 재가 되도록
태우고 또 태웠지

향기를 빨아들인
입가에 야릇한 미소
밀어내는 연기 속에

숨어있던 배신이 피어올라

꽁초로 남은 허탈마저도
달리는 차창 밖으로
미련 없이 던져버린
바람 속 오염뿐이랴
품고 있던 니코틴은
이미 독이 되어 너를 할퀸다.
-「독백」 전문

'시는 사물의 인식이다.' 라는 전제하에서 보면 화자는 사물과 눈 맞추기를 위해서 체험을 통한 직관으로써 그 인식의 출발점에 서서 언어 이전의 사물과 만난다. 즉, 언어 이전의 사물성 그 진실을 보고자 노력한다. 기호식품인 담배를 통해 그가 희구하고자 하는 초월적이고 보편적인 모태복귀를 바탕에 깔고 자신의 심리 층에 내재된 욕구를 비쳐 내는 거울로써 내면을 가리고 있는 모습들을 표출해 내고 있다.

최수경 시인의 『잔디 깎는 남자』의 시를 다 읽고 나니 시심을 키우는 봄바람이 따사롭게 불어대는 봄 들녘에 아지랑이가 청초하게 피어 하늘거린다. 따뜻하고 아름다운 마음들이 청순한 그리움과 설렘으로 가슴 가득 밀려오고 있다. 최수경 시인의 자아이다. 그녀의 자아는 아름답다. 그의 시들은 남들의 생명이나 이목에 거슬리는 이질감을 잘 조절해서 순수하게 개인적인 느낌이나 내적 풍경까지도 적절하게 떨쳐 버림으로써 누구에게나 받아들일 수 있는 보편적인 표출로 승화시키고 있다. 나아가서 그것이 사람들에게 쾌감으로 받아들여질 만한 것으로 변환시키는 고차적高次的 능력을 가진 시인이 바로 최수경 시인이라 말할 수 있다.